MYTHOLOGIE CELTIQUE

Contes du panthéon celtique

Adam Andino

CONTENTS

INTRODUCTION : UNE BRÈVE HISTOIRE DE LA MYTHOLOGIE CELTIQUE

Enya, la chanteuse irlandaise qui a vendu le plus de disques de tous les temps, a dit un jour à propos de l'ancienne mythologie du panthéon celtique : "Il y a quelque chose dans la mythologie celtique qui est profond dans l'âme" : "Il y a quelque chose dans la mythologie celtique qui est au plus profond de l'âme". Bien qu'elle soit surtout connue pour ses chansons folkloriques celtiques modernes, c'est en partie la mythologie celtique qui l'a inspirée pour écrire de telles compositions. Si de nombreuses divinités sont comparables à celles des mythologies romaine et nordique, beaucoup de mythes celtiques sont très différents des autres. Le panthéon et les créatures elles-mêmes sont parfois complètement à l'opposé de ce à quoi on pourrait s'attendre.

Le panthéon des Celtes est peu connu en raison de ses traditions orales, de la guerre avec Rome et du passé migratoire de la culture. Comme pour le panthéon nordique, de nombreuses histoires et légendes ont été effacées de l'histoire. Les Celtes n'étant pas alphabétisés, leurs histoires étaient transmises oralement de génération en génération.

Les Celtes

Comme nous l'avons déjà mentionné, le manque d'informations provient de trois facettes principales du changement : la guerre avec Rome, les traditions orales et la nécessité de migrer. En résumé, les peuples celtes sont originaires des régions qui constituent aujourd'hui le Pays de Galles, l'Écosse, l'Irlande, la France et l'Espagne, et s'étendent même jusqu'à la Turquie. Les habitants de chaque région avaient leur propre culture et leur propre langue, mais leurs religions polythéistes et leurs divinités se chevauchaient souvent. Des dialectes celtiques subsistent, notamment au Pays de Galles et en Irlande ; certains Écossais et Irlandais parlent encore des versions du gaélique, et certains habitants du Pays de Galles peuvent parler le gallois.

Le peuple celte a commencé sa civilisation dès 1200 avant notre ère, pendant l'âge du fer, lorsque les hommes ont découvert comment construire des outils en métal. Les Celtes étaient des artisans du bronze, de l'or et du mercure, dont les bijoux et les armes étaient ornés de spirales complexes. Ils se sont étendus de l'Europe à la Turquie, allant même jusqu'au sud de l'Égypte. Certains Celtes auraient même été des mercenaires de la reine égyptienne Cléopâtre.

Ils sont restés en tribus jusqu'à ce que Jules César, de l'Empire romain, fasse la guerre à leur culture vers 70 avant notre ère. Au cours de cette guerre acharnée, il fut également le premier à documenter la culture celte. Il les a qualifiés de "Gaulois", ce qui signifie également "barbares". Les Gaulois étaient le peuple situé dans ce que l'on appelle aujourd'hui la France.

La perte d'une culture

Bien que Jules César ait tenté de débarrasser l'Empire romain des Gaulois, leur culture est restée inébranlable. Les Romains et même les Grecs admiraient les Celtes au combat, ce qui a incité de nombreux écrivains de l'époque et d'ailleurs à les étudier et à les documenter. C'est ainsi que quelques documents sur les cultures et les peuples celtes ont été rédigés pendant cette guerre. Cependant, cette admiration pour les Celtes ne durera pas. Si l'Empire romain est l'un des responsables de la quasi-extinction des Celtes, d'autres facteurs entrent également en ligne de compte.

Les druides

Les druides étaient une faction religieuse du peuple celte et étaient considérés comme les plus sages. Ils croyaient en la réincarnation et vénéraient de nombreuses divinités de leur religion polythéiste. À l'instar d'autres panthéons de l'Antiquité, les Celtes vénéraient des divinités liées à la nature, telles que le soleil et la lune, les rivières et les lacs, ainsi que l'agriculture. Les druides, qui jouaient le rôle de guérisseurs et de figures de proue religieuses, croyaient pouvoir prédire l'avenir grâce à la formation d'oiseaux, à l'interprétation des rêves et à la méditation. Les hommes et les femmes étaient les bienvenus dans leurs établissements et participaient également à l'éducation et au système judiciaire.

Les druides pensaient que leurs traditions n'avaient pas besoin d'être écrites, mais qu'elles devaient être transmises oralement. Ils interdisaient souvent les textes écrits pour préserver leurs traditions orales. Par conséquent, leur civilisation ne disposait pas de documentation sur les cérémonies et les procédures religieuses et culturelles. Les quelques vestiges de leur culture ont été conservés dans des grottes des Alpes, dans leur langue, dans les récits de César et dans les récits médiévaux des prêtres chrétiens.

L'introduction du christianisme

L'introduction du christianisme a également contribué à la chute du peuple celte et de son panthéon. Après que le christianisme est devenu la religion dominante à Rome et dans son empire, les forces à l'origine des croisades ont jugé le polythéisme impie et ont conquis les nombreux peuples celtes. En 432 de notre ère, le christianisme a été imposé aux peuples celtes de Grande-Bretagne par l'introduction de Saint Patrick. De nombreuses divinités ont été assimilées à la foi chrétienne en tant que saints, et leurs pratiques ont été assimilées au christianisme.

Cependant, cette nouvelle religion se heurte à une certaine résistance. En réaction, les catholiques ont ordonné l'éradication des druides par des massacres. Cette période tumultueuse a conduit à l'anéantissement de la religion polythéiste. Des traces de cette culture subsistent encore aujourd'hui avec la réintroduction de l'usage des anciennes langues celtiques telles que le gaélique et le gallois, et même à travers des symboles religieux. La croix celtique et le trèfle d'Irlande représentent ce passé turbulent et les traces de leur culture. Certaines histoires et légendes sont encore racontées aujourd'hui en Irlande.

La vie quotidienne des Celtes

Les peuples celtes étaient semblables aux peuples nordiques dans la façon dont ils menaient leur vie quotidienne. Bien qu'ils ne soient pas des marins, ils ont migré vers différentes parties de l'Europe du Nord. Ils vivaient en tribus au sein d'un village entouré de murs de pierre et utilisaient cette même pierre pour construire leurs maisons. Les toits étaient des cônes construits avec des roseaux et de la paille. Leur artisanat comprenait également le travail du métal, comme les bijoux et les armes.

Réputés pour leur aptitude au combat et à l'équitation, les Celtes étaient des guerriers courageux et féroces. Il a été prouvé que les guerriers se rendaient au combat nus, peut-être pour intimider leurs ennemis. Certains textes subsistants affirment qu'ils conservaient également les têtes de leurs ennemis en guise de trophées. Cependant, leurs combats étaient souvent inorganisés, ce qui a été rendu obsolète par la présence des armées romaines.

Tous les hommes celtes n'étaient pas des guerriers. Ils exerçaient d'autres professions telles que l'artisanat, la forge, l'agriculture, le druidisme et même la poésie. Les bardes étaient chargés de mémoriser et de réciter les histoires et les légendes de leur peuple. Chaque profession n'était pas plus importante que les autres et les hommes avaient le droit de choisir.

En outre, les femmes n'étaient pas confinées à un rôle de gouvernante. Les femmes peuvent occuper les mêmes fonctions que les hommes, qu'il s'agisse de guerrières, de figures religieuses ou même de dirigeants politiques. Elles ont les mêmes droits que les hommes, ce qui inclut le divorce et le fait d'avoir des biens à leur nom.

Les coutumes religieuses des Celtes

Les Celtes avaient quelques coutumes religieuses dans leur culture. Outre l'adoration de divinités, ils considéraient également certaines parties de la nature comme sacrées. Les chênes et les forêts sont un exemple de leur respect pour le monde naturel. Ils vénéraient la nature comme si elle était un être à part entière. C'est dans les forêts que se déroulaient les rituels d'importance religieuse et politique.

Une partie des rituels comprenait des sacrifices d'animaux et d'êtres humains pour apaiser certaines divinités. Il existe des preuves de sacrifices humains et animaux dans des lieux sacrés tels que les marécages et les forêts. Ils brûlaient également des effigies créées avec de la paille et des êtres humains à l'intérieur, soit pour apaiser les dieux, soit comme une forme de justice. Les Celtes sacrifiaient également des armes au dieu de la mer en les jetant dans des tourbières, des rivières et d'autres plans d'eau.

Bien que ces activités aient fait l'objet de récits horribles, les Celtes vénéraient également les dieux par le biais de festivals. En mai, ils célébraient Beltane, aujourd'hui connu sous le nom de "Midsummer's Eve" (veille de la Saint-Jean), un jour de danse et de chant. Cette fête marquait l'arrivée des mois plus chauds du printemps et de l'été, ce qui favorisait l'agriculture.

Samhain se déroulait le dernier jour d'octobre et le premier jour de novembre, date à laquelle ils célébraient les morts et portaient même des costumes et des masques. Samhain correspondait au déclin du soleil et, par conséquent, à l'amincissement de la barrière entre la réalité et l'au-delà. On croyait que pendant cette période, les ancêtres et les esprits pouvaient entrer en contact avec les vivants. Cependant, il y avait aussi des esprits maléfiques. Pour se protéger de ces esprits néfastes, les Celtes portaient des costumes et des masques afin de se déguiser. Cette pratique est l'un des ancêtres de la fête moderne d'Halloween.

Bien qu'il n'y ait pas eu beaucoup de textes écrits, le peuple celte avait des mythes et des légendes qui, heureusement, n'ont pas été perdus dans le temps. Certaines de ces histoires sont alambiquées et incomplètes en raison de l'absence de textes écrits. Certaines divinités font également partie de cette catégorie, car on sait peu de choses sur la religion, les mythes et les légendes dans leur ensemble. Le mystère de ces divinités et de ces histoires a conduit les archéologues et les amateurs de mythologie à faire des découvertes sur cette civilisation presque perdue et sur son point de vue unique sur la religion. Dans le prochain chapitre, les dieux et les déesses seront présentés comme il se doit.

CHAPITRE 1 : LES 11 PRINCIPAUX DIEUX ET DÉESSES

Contrairement à d'autres mythologies comme la grecque, la romaine et l'égyptienne, le panthéon celtique est incomplet. Cette mythologie est similaire au panthéon nordique avec ses mythes incomplets. Cependant, on assiste à une résurrection des connaissances sur le panthéon celtique. La musique celtique irlandaise, des groupes a cappella comme Anuna et Celtic Women, et même des groupes de métal suisses comme Eluveitie, interprètent tous des chansons sur les mythes celtiques. Ces groupes chantent aussi bien des paroles en anglais qu'en celtique. Anuna et Celtic Women sont spécialisés dans le celtique irlandais, tandis qu'Eluveitie est spécialisé dans la mythologie et la langue de l'ancienne Gaule. Certaines des chansons d'Eluveitie font référence aux divinités elles-mêmes en tant que titres de chansons, avec une utilisation complexe d'instruments et de moments heavy metal, tout en racontant des souvenirs de la vie d'antan. En raison de la popularité de ces groupes, le renouveau celtique de la connaissance des ancêtres et de l'histoire oubliée est à son apogée.

Si le panthéon celtique est actuellement ressuscité, les dieux eux-mêmes sont encore peu représentés. Chaque tribu ayant sa propre langue, et donc ses propres dieux et déesses, certaines divinités représentent le même être, mais avec un nom différent. Au total, le panthéon celtique compte environ 400 divinités distinctes, y compris celles des différentes tribus. Toutefois, dans ce chapitre, seules les divinités les plus courantes seront abordées. Les principaux dieux et déesses sont présentés ci-dessous par ordre alphabétique ; entre parenthèses figurent leurs noms dans d'autres langues celtiques.

Aengus (Aengus Óg, Óengus) : Dieu de l'amour

Aengus était le dieu de la jeunesse, de l'amour, de la poésie et de l'été. Il est né d'une liaison entre son père, le Dagda, et la maîtresse du Dagda, Boann, qui était également l'une des déesses de la rivière. En réponse à la grossesse de sa maîtresse, le Dagda a jeté un sort à son fils pour accélérer le temps entre la conception et la naissance, ce qui a permis à Aengus de jouir d'une jeunesse éternelle. Il était souvent représenté avec des oiseaux volant autour de lui, représentant ses baisers et son amour. Aengus et sa maîtresse étaient souvent représentés sous la forme de cygnes s'entourant l'un l'autre, un mythe qui est expliqué plus en détail au chapitre 3.

Belenos (Bel, Belus) : Dieu de la guérison

Également connue sous le nom latinisé de "Belenus", cette divinité était le dieu de la guérison, de la médecine, du soleil, des festivals de printemps, de l'agriculture et du feu. Le dieu de la guérison a été marié à Danu, déesse de la sagesse et de la fertilité, mais n'a pas d'autres liens de parenté connus. Ses capacités sont très proches de celles d'Apollon, le dieu du soleil, de l'agriculture et de la guérison. Il est souvent représenté avec des chevaux et des éclairs utilisés pour interrompre les conflits. Alors que certaines des autres divinités n'étaient représentées que dans une seule tribu, il existe des preuves que le culte de Belenos s'étendait de l'Italie à la Grande-Bretagne.

Brigid (Brigit) : Déesse de la fertilité

Brigid était la fille du Dagda et était mariée à Bres, un dieu de la fertilité et un tyran. Elle était également la mère de Ruadan, un prêtre connu pour ses prophéties en 600 de notre ère, et qui devint plus tard l'un des douze apôtres d'Irlande. Brigid était une déesse très aimée, car elle était la déesse de la guérison, de la forge, du feu, de la poésie, de la passion, de la fertilité et de la maternité. Selon l'historien N.S. Gill, c'est parce que Brigid était tellement vénérée qu'elle a été élevée au rang de sainteté après la conquête des Celtes par les catholiques. Elle était souvent comparée aux déesses romaines Minerve et Vesta.

Cernunnos : Dieu de la faune

On ne sait pas grand-chose sur ce dieu de la fertilité, des céréales, de la nature, de la richesse, des Enfers et de la faune : Cernunnos. Sans les découvertes archéologiques de l'art celtique ancien, Cernunnos n'existerait probablement pas dans le panthéon tel que nous le connaissons aujourd'hui. Également connu sous le nom de Dieu cornu, Cernunnos était souvent associé à des animaux à cornes tels que les cerfs et les taureaux. Dans l'art antique, il est souvent représenté comme un personnage assis les jambes croisées, avec des cornes massives attachées à sa tête. Sa relation avec les autres dieux est inconnue, mais on a découvert que le dieu renaissait à chaque solstice d'hiver et mourait au solstice d'été. Cernunnos était largement vénéré par les druides. On pense également que Cernunnos est à l'origine de l'apparence cornue de Satan dans le christianisme.

Le Dagda (Sucellos) : Le roi des dieux

Le Dagda était le roi des dieux. Alors que de nombreux dieux principaux dans d'autres mythologies telles que les Romains, les Nordiques et les Grecs dépeignaient leurs dieux-rois comme cruels et pugnaces, le Dagda était tout le contraire. Il était connu comme le "bon dieu" et régnait sur la connaissance, la fertilité, la réincarnation, la mort, la renaissance, les artisans, l'agriculture, la protection, la musique et bien d'autres aspects. Il était essentiellement le maître de tous les métiers et le protecteur des terres. Il était souvent dépeint comme un dieu joyeux, aimant s'amuser, avec une harpe à ses côtés, doté de qualités magiques pour changer les émotions et les saisons. Il possédait également un chaudron qui ne désemplissait jamais et était équipé d'un bâton et d'une masse magiques pour la résurrection et la mort, respectivement.

Le Dagda était le père d'Aengus, d'Aed, de Brigid, de Cermait, de Danu et de Bobd Derg et était marié à la Morrigan. De nombreux contes et mythes gravitent autour du Dagda et de sa famille, que nous étudierons plus en détail dans les chapitres suivants.

Danu (Annan, Anu) : Déesse de la sagesse et de la mort

Les anciens Celtes considéraient Danu comme la déesse mère, non pas parce qu'elle était l'épouse du Dagda, mais plutôt en raison de ce qu'elle représentait. Danu était la déesse de la terre, des conditions météorologiques, de la fertilité, de la mort et de la sagesse. Elle était souvent représentée prête au combat, un corbeau sur l'épaule, symbolisant son règne sur la mort et la sagesse. En tant que protectrice des terres, elle était vénérée pour sa sagesse au combat. Outre son rôle dans la mort et la guerre, elle apportait également la vie et la prospérité.

Danu était la fille du Dagda et l'épouse de Belenos, le dieu de la guérison, et de Beli, le dieu de la mer. Le fait qu'elle ait eu des enfants reste un mystère. Cependant, on peut supposer qu'elle considérait les Celtes comme ses enfants en raison de la grande vénération qu'elle leur vouait. Les érudits pensent que son influence sur la culture celte est à l'origine du nom du fleuve Danube qui traverse l'Europe.

Epona : Patronne des chevaux

Epona est peut-être la divinité la plus reconnaissable par son nom et son association avec les chevaux en particulier. Dans la série de jeux vidéo *Legend of Zelda*, l'un des célèbres compagnons de Link est son cheval, Epona. Dans la mythologie celtique, Epona est cependant plus qu'une compagne. Elle règne sur la fertilité, l'agriculture, le calvaire, les chevaux, les mules, les ânes et les bœufs. Dans les premiers textes et illustrations, Epona n'est jamais représentée sous sa forme humaine, mais sous celle d'un cheval ou d'une mule. Cependant, une fois qu'elle a été endoctrinée dans la mythologie romaine en raison de l'admiration que lui portait la cavalerie romaine, elle a posé sous sa forme humaine soit sur un char, soit sur un trône entre deux chevaux. Comme pour de nombreuses divinités de la mythologie celtique, on ne sait pas si elle avait des liens de parenté avec les autres divinités.

Lugh (Lugus, Lamfhada, Luga) : Le Dieu des Rois

Lugh était le dieu des rois, de la justice, du soleil, de la ruse, du leadership et de l'artisanat. Il était l'un des dieux les plus importants que les Celtes vénéraient, en raison de son impressionnante intelligence et de ses compétences au combat. Il a fait l'objet de nombreux mythes, dont l'exécution du borgne Balor. Les Celtes croyaient qu'il maniait une lance magique contre ses ennemis avec une précision supérieure à celle des hommes. D'autres mythes lui attribuaient la capacité de se métamorphoser en d'autres identités et d'autres formes.

Selon le mythe, Lugh était le père du demi-dieu le plus important, Cu Chulainn. Il utilisait souvent sa ruse pour obtenir des épouses et des amantes, en plus de son amour pour les jeux et la vengeance. Un mythe sur sa naissance sera abordé au chapitre 4.

Manannan(Manannanmac Lir) : Dieu de la mer

Manannan était le dieu de la mer et le gardien de l'Overworld, la version celtique du paradis ou de l'Elysium. Les histoires courantes tournent autour de Manannan et de ses enfants, en particulier son enfant adoptif Aengus et sa fille Niamh. Certaines sources pensent que sa femme était Fand, une divinité aquatique, ou Aine. Dans certains textes, Aine serait sa fille. Le père de Manannan était le dieu de l'océan Lir.

La Morrigan : Déesse de la guerre

La Morrigan, également connue sous le nom de Reine fantôme, était la déesse de la guerre, de la mort, de la prophétie et du destin. Elle était l'une des déesses les plus redoutables du panthéon celtique, se métamorphosant souvent sous d'autres formes. Ses autres formes étaient une vieille femme faible et frêle, un corbeau ou une corneille, un laveur d'armure taché de sang et un loup. On croyait que lorsqu'un guerrier apercevait un corbeau sur le champ de bataille, sa mort était proche. L'un des mythes concernant le Dagda et la Reine fantôme tourne autour de la prophétie de sa mort, qui sera expliquée plus en détail au chapitre 5.

La Morrigan était souvent associée à un trio de déesses qui portaient également son nom. Dans certains récits, elle pouvait être représentée comme une déesse unique ou faire partie du trio avec ses sœurs Nemain, Badb et Macha. Elle était également mariée au roi des dieux lui-même, le Dagda.

Taranis : Dieu du tonnerre

Taranis était le dieu du tonnerre, des tempêtes et des phénomènes météorologiques extrêmes. Taranis était souvent représenté avec un éclair dans le poing et chevauchant un char, une image qui reflétait à la fois Thor de la mythologie nordique et Zeus de la mythologie grecque. Ce qui le distinguait, cependant, c'était les rituels souvent brutaux qui se déroulaient sous son nom. Ces rituels incluaient également deux autres dieux : Esus, équivalent du dieu romain Mars, et Teutates, dieu de la tribu. Le triumvirat de ces dieux exigeait souvent des sacrifices humains, selon César et, plus tard, les moines chrétiens ont entrepris de vilipender cette religion polythéiste.

Il a été prouvé que les sacrifices humains, que ce soit sous un autel ou en brûlant des effigies remplies de personnes vivantes, étaient une pratique courante pour apaiser Taranis. Considéré comme l'un des protecteurs de la terre, Taranis était craint par son culte. Les croyances de Taranis se sont étendues de l'Irlande à l'Espagne et à la France grâce aux découvertes archéologiques de roues, l'un de ses symboles. La roue représentait la mobilité, ainsi que la formation rapide de conditions météorologiques difficiles.

Conclusion

Les dieux et déesses du panthéon celtique ont tous joué un rôle essentiel dans la vie complexe des Celtes. D'après ce que les dieux représentaient le plus souvent, il était clair que le peuple celte accordait plus d'importance à la fertilité et à l'agriculture qu'à n'importe quel autre trait de caractère. En raison de l'absence de textes nous permettant de comprendre pleinement les complexités de cette mythologie, son mystère intrigue encore aujourd'hui de nombreuses personnes. Des personnages de jeux vidéo aux chansons écrites en celtique ancien, les souvenirs d'un passé lointain ont été ressuscités. Cependant, l'une des sources d'inspiration de tout un genre de fantastique et d'horreur réside dans les créatures, les demi-dieux et les héros de l'ancien panthéon celtique.

CHAPITRE 2 : CRÉATURES ET PERSONNAGES DU PANTHÉON CELTIQUE

Bien qu'il soit tentant d'imaginer les légendes du roi Arthur et son infâme voyage, le panthéon celtique est antérieur aux légendes arthuriennes. Le panthéon celtique peut être considéré comme l'ancêtre des légendes sur les créatures magiques et les lieux mystiques, avec ses mythes et légendes fortement basés sur le surnaturel et le fantastique. Les créatures allaient de l'amusement inoffensif aux monstres horribles. Les vestiges du panthéon celtique existent encore aujourd'hui et continuent d'inspirer de nouveaux créateurs et conteurs grâce à leur collection de monstres.

Créatures et monstres

Malgré l'absence de textes écrits, la mythologie celtique reste très riche en créatures uniques et terrifiantes qui viennent enrichir l'imagination humaine. Ces créatures vont des nuisances inoffensives aux monstres terrifiants. Nombre des créatures surnaturelles que nous connaissons aujourd'hui sont issues du panthéon celtique.

Balor

Selon la légende, il existait un royaume que de nombreuses créatures surnaturelles appelaient leur foyer. Ces créatures surnaturelles étaient connues sous le nom de Fomorians, dont le chef était Balor. On dit qu'elles vivaient dans les sombres profondeurs des lacs et des mers. Elles faisaient souvent des ravages parmi les mortels et les dieux eux-mêmes.

Il a été écrit que Balor avait un œil maléfique et qu'il était souvent dépeint comme un géant - l'équivalent du cyclope des mythologies grecque et romaine. Son œil maléfique avait le pouvoir de tuer quiconque le regardait, aussi le fermait-il souvent. Dans de nombreux mythes celtiques, le grand roi périt au cours d'une bataille sous les coups de son petit-fils, dont les érudits pensent qu'il s'agit de Lugh lui-même.

Banshee

La banshee était une créature commune dont le cri avertissait les mortels d'une mort imminente. Ce monstre était très répandu dans les contes irlandais et a même inspiré de nombreuses histoires d'horreur. Les banshees étaient souvent représentées comme des vierges macabres ou des femmes âgées dont les cris glaçants avertissaient les mortels de la mort douloureuse à venir de leurs proches. Selon le mythe, ces goules hurlantes pouvaient être vêtues d'une robe blanche ou d'un manteau à capuchon gris ou noir. Quelle que soit la manière dont elle apparaissait, ses hurlements à glacer les os annonçaient une mort inévitable.

Caorthannach

Également connue sous le nom de cracheur de feu, Caorthannach était un démon serpentin féminin qui a combattu Saint Patrick. Certains pensaient qu'elle était la mère du diable. Saint Patrick la poursuivit depuis le sommet de Croagh Patrick après qu'elle eut échappé à sa tentative d'expulser tous les serpents démoniaques dans la mer. Elle empoisonna toutes les formes d'eau potable pendant la poursuite tout en crachant du feu sur lui, mais Patrick ne but pas jusqu'à ce qu'il la jette dans l'océan pour qu'elle s'y noie avec les autres.

Dearg-Due

Avant le Dracula de Brahm Stoker, librement inspiré de Vlad l'Empaleur, il existait un vampire plus important dans le folklore celtique, en particulier en Irlande. La Dearg-Due était une belle femme démoniaque qui attirait les hommes vers la mort et les vidait de leur sang. Comme Dracula, qui s'attaquait aux femmes, Dearg-Due s'attaquait aux hommes mortels.

L'histoire originale de Dearg-Due est celle d'une jeune fille riche et belle qui tombe follement amoureuse d'un paysan, contre la volonté de son père. Son père l'a punie en la forçant à en épouser un autre dans le cadre d'un mariage arrangé. Cependant, les abus étaient constants, ce qui a conduit à sa mort. Elle s'est alors juré de se venger des hommes de l'autre côté du voile.

Dullahan

Une autre créature courante dans le monde d'aujourd'hui s'est inspirée du monstre celtique connu sous le nom de "cavalier sans tête". Monté sur un cheval noir aux yeux de braise et vêtu d'une cape noire, il était le signe avant-coureur de la mort et n'hésitait pas à blesser les passants innocents lorsqu'il arrivait dans les villages. Dullahan portait sa tête sous un bras et fouettait sa monture, ainsi que les badauds, avec une épine dorsale humaine.

La légende prétend que lorsqu'il entrait dans un village, la mort ne tardait pas à arriver. Dès que quelqu'un entendait son nom appelé, c'était la mort instantanée pour lui. Lorsque la mort survenait, il levait la tête pour observer le spectacle. En plus de la banshee, le couple apparaissait souvent ensemble et prédisait la mort de nombreuses personnes.

Géants

Parmi les mythes les plus anciens, nombreux sont ceux qui tournent autour des géants. La plupart du temps, ces redoutables géants s'interposaient entre le héros et ses objectifs ou les femmes qu'il aimait. Par conséquent, ces obstacles étaient presque insurmontables, tant par leur taille que par leur force. Les influences extérieures, telles que les mythes grecs et romains, peuvent également être comparées aux géants des mythes celtiques.

Fées

Autre créature commune du panthéon celtique, la fée est l'une des créatures fantastiques les plus connues à ce jour. Les fées sont omniprésentes dans les médias, des films de Disney aux jeux vidéo en passant par les romans fantastiques. S'il semble que les fées soient souvent des guides, dans la mythologie celtique, elles sont connues pour jouer des tours aux mortels ou pour éloigner les voyageurs fatigués de leur destination. Elles avaient une forme humaine et ressentaient les mêmes émotions que les humains, mais elles étaient dotées de dons et de pouvoirs surnaturels. Elles sont également représentées sous différentes formes, allant de la plus petite créature à la taille d'un humain. Les fées, ou faes, sont souvent classées en deux catégories principales : Les Unseelie et les Seelie.

Les fae Unseelie portaient les ténèbres en eux. La plupart du temps, les fae Unseelie, comme les gnomes, jouaient des tours aux humains pour s'amuser. Certaines, cependant, étaient synonymes de démons, comme les gobelins. Tout au long de l'histoire, on a cru que ces types de fées étaient des anges déchus et rétrogradés de la chrétienté, des esprits des morts ou simplement des démons.

Les Seelie fae, en revanche, étaient des créatures serviables et joyeuses, semblables aux fées représentées dans la culture populaire d'aujourd'hui. Cette catégorie de fées comprend les lutins, les feux follets et les esprits éthérés qui guident les héros dans leur voyage. Les fées de la Seigneurie jouaient également des tours inoffensifs aux humains. Cependant, si une fée était offensée, elle représentait une menace afin de protéger son royaume.

Farfadets

Le leprechaun est un élément essentiel de la culture irlandaise, tant aujourd'hui que par le passé. Les petits hommes vêtus de vert et portant une barbe orange arborent un trèfle à quatre feuilles, symbole de chance. Les farfadets étaient des êtres surnaturels solitaires qui prenaient souvent plaisir à faire des bêtises. Certains spécialistes pensent que les farfadets sont considérés comme des fées, mais leur mode de vie solitaire contredit cette théorie. Plus tard, les farfadets ont été connus pour leurs talents de cordonniers et leur habitude de cacher un pot d'or au bout de l'arc-en-ciel. On croyait également que si quelqu'un attrapait un lutin, celui-ci lui accorderait trois vœux.

La bête de quête

Cette bête antique était une chimère qui a souvent semé la terreur dans le cœur des hommes. La bête-quête était représentée par une tête de serpent, un corps de léopard, une croupe de lion et des sabots de cerf massif. Cette créature s'attaquait souvent aux guerriers et aux chevaliers dans les légendes d'Arthur. On prétendait que la créature était prompte à frapper en poussant un cri de guerre qui ressemblait au hurlement simultané de 30 loups.

Sluagh

Les Sluagh étaient les fantômes celtiques de leur panthéon. Ils étaient considérés comme des pécheurs coincés entre le monde des vivants et celui des morts. Leurs âmes erraient sur terre parce que ni le ciel ni l'enfer n'en voulaient. Dans leur rage et leur chagrin, les Sluagh volaient les âmes des vivants. Certaines familles irlandaises gardaient leurs fenêtres orientées vers l'ouest fermées en permanence pour empêcher les Sluagh d'entrer dans leur maison. Cependant, il était courant que les Sluagh, furieux de leur sort, enlèvent toute âme qui les regardait.

Un demi-dieu et un héros

L'une des tragédies du panthéon perdu est qu'il y a si peu d'histoires et de mythes tournant autour des héros et des demi-dieux. Les mythologies plus complètes ont le luxe de comporter de nombreux mythes avec des demi-dieux, mais le panthéon celtique en est dépourvu. La plupart des récits se sont perdus dans le temps au fur et à mesure de l'extinction des différentes cultures celtes. César a écrit que les Gaulois avaient, par exemple, un mythe de la création, mais il n'en reste que des fragments impossibles à reconstituer. Il en va de même pour les demi-dieux et les héros.

Grâce aux récits oraux traditionnels, deux figures subsistent encore aujourd'hui dans le folklore irlandais ; malheureusement, d'autres héros issus des nombreuses tribus disséminées en Europe ont disparu lorsque les Celtes ont été convertis de force au catholicisme. Malgré cette conversion, les Irlandais ont continué à raconter les histoires du grand Cu Chulainn et de Finn mac Cumhaill.

Les quatre cycles de la mythologie

Le panthéon celte avait quatre cycles mythologiques différents dans lesquels toutes les histoires se déroulaient. Chaque cycle était une parenthèse dans le temps, allant de 2000 avant notre ère à 1400 après notre ère, qui avait ses propres formes de magie et d'intrigue. Les noms de ces cycles sont les suivants : Le cycle des invasions, le cycle d'Ulster, le cycle de Fenian et le cycle des rois.

Cu Chulainn

Cu Chulainn faisait partie du cycle mythologique de l'Ulster, qui englobait les contes de l'Uliade, un royaume dont le roi puissant s'appelait Conchobar mac Nessa. Cu Chulainn était censé être le fils du dieu soleil Lugh et d'une femme mortelle du nom de Deichtine. Plusieurs histoires, toutes plus scandaleuses les unes que les autres, entourent sa naissance. Il est né sous le nom de Setanta et, à l'âge de cinq ans, il a sauvé l'un de ses professeurs d'un chien sauvage ennemi. C'est ainsi qu'il s'appela désormais Cu Chulainn, ou "le chien de Culann". Cu Chulainn était un guerrier redoutable au combat, notamment grâce à sa capacité berserk. Lorsqu'il était en état de berserk, il lui était impossible de distinguer un ami d'un ennemi.

Cu Chulainn a acquis un statut légendaire grâce à ses nombreuses compétences au combat et à la vie qu'il a menée. Du meurtre accidentel de son propre fils à sa mort, en passant par ses nombreuses amantes, Cu Chulainn était un homme d'intrigue qui a vécu de nombreuses aventures. Les histoires qui impliquent un tel personnage dans la mythologie seront explorées au chapitre 6.

Finn mac Cumhaill

Finn mac Cumhaill était un héros connu pour ses talents au combat et pour avoir utilisé son intelligence afin de prendre le dessus dans d'autres histoires. Il faisait partie du cycle Fenian, dont les histoires tournaient principalement autour de lui. Il s'inspire largement d'un personnage historique du troisième siècle de notre ère et a consolidé son statut de légende dans les mythes irlandais. Les histoires étaient racontées par son fils Oison, un poète.

Le cycle fénien de la mythologie relate la vie de Finn mac Cumhaill. Les mythes tels que le saumon de la connaissance et la création de la Chaussée des Géants en Irlande comptent parmi les plus célèbres, racontant son puissant savoir et ses habiles techniques de combat. La description du héros indique qu'il était aussi grand qu'un géant et qu'il possédait un pouce magique qui lui conférait sagesse et connaissance.

Conclusion

Les créatures mythiques et les légendes du panthéon celtique étaient remarquables par leur capacité à inspirer les futurs créateurs. Les monstres étaient terrifiants et les héros exigeaient respect et admiration. Les créatures allaient des esprits guides et des nuisances aux monstres mortels qui créaient le chaos pour les héros de la légende comme pour le commun des mortels. Ces créatures, en particulier celles imprégnées d'éléments magiques, n'étaient qu'une partie des mythes du panthéon celtique. Dans la suite de ce livre, les récits entourant certaines de ces créatures, héros et divinités seront explorés plus en détail.

CHAPITRE 3 : LES MYTHES D'ÆNGUS

Comme d'autres mythologies, la mythologie celtique est souvent imprégnée des thèmes de l'amour et du désir, de la quête du pouvoir ou du sauvetage des membres de la famille d'un ennemi féroce. Les mythes présentés dans les chapitres suivants ne font pas exception à la règle. La violence, l'effusion de sang et la tromperie sont omniprésentes dans les mythes d'Aengus, y compris sa naissance et la raison de sa métamorphose en cygne.

Le produit d'une liaison

La création d'Aengus est un mythe enveloppé de tromperies de la part de son père, le Dagda, et de sa mère, Boann, déesse de la rivière Boyne. Boann était mariée à Elcmar, intendant du Dagda. Boann éprouvait de profonds sentiments amoureux pour le Dagda, sentiments qui furent consommés une nuit. Certaines sources affirment que le Dagda l'a visitée en rêve, tandis que d'autres prétendent qu'il l'a visitée en personne. Quoi qu'il en soit, la conception d'Aengus était inévitable. Afin de consommer leurs sentiments l'un pour l'autre, le Dagda envoya Elcmar en mission.

Maintenir le soleil en place

Après avoir découvert qu'un enfant avait été conçu, le Dagda a utilisé ses pouvoirs pour contrôler le temps qui passe. Afin de cacher l'enfant illégitime à Elcmar, la solution du Dagda fut de maintenir le soleil en place jusqu'à la naissance de l'enfant. Pendant neuf mois, le Dagda a maintenu le soleil en place pour tromper Elcmar et tous les autres en leur faisant croire qu'un seul jour s'était écoulé.

Pendant l'absence d'Elcmar, le Dagda veilla à ce que l'intendant ne se sente pas mal à l'aise. Il parvint à dissiper la soif, la faim et même les ténèbres d'Elcmar, lui faisant croire qu'un seul jour s'était écoulé. Pendant ce temps, l'enfant grandissait dans le ventre de Boann jusqu'à sa naissance. Boann nomma son enfant Aengus et le confia au Dagda, qui le cacha à l'abri de la vengeance au cas où Elcmar découvrirait la liaison de sa femme et l'enfant qui en était issu.

Le Dagda confia l'enfant à Midir, l'un de ses fils, pour qu'il joue le rôle d'une figure paternelle. Chaque jour qui passe, Aengus devient plus habile dans ses jeux de mots, ce qui lui permet de remporter de futurs succès dans les batailles d'esprit. L'enfant devint un beau jeune homme qui ne vieillit jamais. On croyait que son immortalité était due au fait que le Dagda avait maintenu le soleil en place pendant qu'il était dans le ventre de sa mère.

Récupérer le château

On ne sait pas exactement quand Aengus a découvert sa véritable lignée, mais ce fut quelque temps après sa majorité. On suppose que cette découverte pourrait provenir de son père adoptif et de sa femme Fuamnach, qui sont tous deux présents dans un mythe ultérieur. Après cette découverte, Aengus a trompé son beau-père pour récupérer sa maison légitime.

Lorsqu'il apprit la vérité sur sa naissance, Aengus alla trouver le Dagda et lui demanda de lui donner des terres, comme il l'avait fait récemment pour ses autres enfants. Le Dagda refusa et convainquit son fils de voler la maison d'Elcmar à Bru na Boinne.

Aengus, à la langue bien pendue, frappe à la porte de Bru na Boinne, qui révèle Elcmar. Aengus demanda à passer la nuit dans la maison. En raison de l'importance accordée à l'hospitalité dans l'ancien monde celtique, Elcmar accepta de passer la nuit chez lui.

Laa ocus aidce. "Un jour et une nuit. Lorsque ces mots étaient prononcés dans la vieille langue irlandaise, ils pouvaient également être interprétés à tort comme signifiant "tous les jours et toutes les nuits". Aengus avait prévu d'utiliser ces mots dans ce contexte. Le jeu de mots astucieux d'Aengus a permis de confondre et d'humilier encore plus Elcmar lorsqu'il a été décrété qu'Elcmar devait céder ses terres au fils de la liaison de sa femme.

Mythe alternatif

On a également supposé qu'Aengus avait utilisé cette ruse sur le Dagda lui-même afin de reprendre la place qui lui revenait de droit. Au lieu de se rendre à la maison d'Elcmar à Bru na Boinne, certaines histoires prétendent que la résidence du Dagda se trouvait à cet endroit. Furieux que son père refuse de lui donner des terres alors que ses frères et sœurs reçoivent les leurs, Aengus joua ce même tour au Dagda, ce qui obligea le dieu des rois à donner ces mêmes terres à son fils.

La cour d'Etain

La cour d'Etain est l'un des mythes les plus complets du cycle des invasions de la mythologie celtique. Le cycle des invasions fait partie des guerres entre divers êtres surnaturels - dieux et créatures - qui se sont battus pour s'approprier l'Irlande. Ce premier cycle mettait en scène les histoires des anciens dieux, et ce mythe était l'un des plus célèbres.

La femme bafouée

Midir le Fier, frère et père adoptif d'Aengus, était autrefois le roi du peuple des fées connu sous le nom de Tuatha De Danann. Lui et sa femme Fuamnach vécurent ensemble pendant de nombreuses années, satisfaits de leur relation. Ils vivaient à Bri Leith, ou plus précisément dans les Hollow Hills.

Un jour que Midir chassait avec ses hommes, il tomba sur la plus belle jeune fille qu'il ait jamais vue, se lavant les cheveux au bord d'un ruisseau. Il découvrit qu'elle s'appelait Etain. Ils tombèrent immédiatement amoureux et Midir voulut l'épouser et la ramener chez lui à Bri Leith. Elle accepta le mariage et ils se marièrent peu de temps après.

Midir et Etain passaient beaucoup de temps ensemble, et la rumeur de sa beauté se répandit rapidement dans tout le royaume. Ils se séparaient rarement, car Midir ne supportait pas d'être éloigné d'elle pendant longtemps. Il négligeait les besoins de sa première femme, ce qui déclencha une fureur accompagnée de magie et de vengeance. Après avoir vu son mari dans les bras d'une autre, le réconfort et l'amour qu'elle éprouvait auparavant s'assombrirent pour laisser place à la rage, à la trahison et à la jalousie. Dans sa misère, elle demanda l'aide d'un druide pour lancer un sort magique.

Le druide Bressal, accompagné de Fuamnach, pénétra dans la chambre d'Etain la nuit, pendant qu'elle dormait. Bressal conjura alors une tempête et transforma

Etain, la plus belle jeune fille du pays, en une mouche. La tempête l'emporta dans ses vents et la projeta loin du château de son amour, Midir le Fier.

La vie d'une mouche

Pendant sept longues années, Etain a été ballottée à travers le pays par la tempête qui a laissé ses ailes meurtries et déchirées. Ces sept années de vol sans fin prirent fin lorsqu'elle se posa sur le rebord de la fenêtre de Bru na Boinne. Enfin capable de se reposer, elle grimpa dans les chambres d'Aengus alors qu'il était présent.

Aengus reconnut immédiatement Etain telle qu'elle était ; il vit clair dans le sort qui lui avait été jeté par le druide et Fuamnach. Il eut beau essayer, il ne parvint pas à annuler complètement le sort. Il parvint à lui donner la forme humaine la plus proche possible de la sienne. Du crépuscule à l'aube, Etain retrouva sa forme humaine. Aengus planta les fleurs et les arbustes les plus aromatiques et les plus colorés dans les coins les plus ensoleillés de son jardin pour son usage personnel, alors qu'elle passait ses journées sous forme de mouche.

Au fil du temps, Aengus et Etain se sont rapprochés et sont finalement tombés amoureux. Le couple pensait passer de longues et heureuses années ensemble. La seule chose prévisible dans la vie est son imprévisibilité ; bientôt, la première femme bafouée de Midir découvrit le lieu de refuge de sa rivale.

Fuamnach se transforma en corbeau et observa depuis un pommier situé au centre du jardin. Elle repéra la délicate Etain qui se déplaçait de fleur en fleur. D'un seul coup de bec, Fuamnach arracha Etain et déclencha une nouvelle tempête. Une fois de plus, elle fut emportée loin de sa maison, bien au-delà des monticules de fées et dans un territoire où peu de fées osaient s'aventurer.

Après la seconde disparition d'Etain, Aengus comprit qu'elle avait été enlevée par le jaloux Fuamnach. Dans sa rage, il lança une potion magique dans l'air et appela les dieux à mettre fin à ses souffrances sur terre. Entre-temps, Etain a été entraînée dans une nouvelle bourrasque de vent, qui l'a emportée dans le royaume d'Ulster.

Le roi d'Ulster, Etar, organisait une grande fête avec ses nobles, qui étaient entassés dans le château pour une nuit de danse et de gaieté. Etar était assis à côté de sa femme, profitant des festivités. Celle-ci tenait une coupe de vin dans ses mains, tout en appréciant le temps qu'elle passait aux côtés de son mari.

Épuisée, Etain se laissa tomber sur le bord de la coupe de vin. Attirée par son doux arôme, elle se pencha en avant pour boire un petit verre. Elle glissa et éclaboussa le vin lorsque la reine porta le gobelet à sa bouche. La reine avala Etain. Dans les semaines qui suivirent, l'épouse d'Etar découvrit sa grossesse miraculeuse et porta Etain jusqu'à sa prochaine vie de mortelle. Les dieux exaucèrent l'appel à l'aide d'Aengus dès qu'Etain fut avalée et nichée dans l'utérus d'une reine mortelle. Etar et sa femme accueillirent une petite fille nommée Etain. Elle était la même Etain qu'avant, sans les souvenirs de sa vie précédente.

Dans les années qui précédèrent la réunion de Midir et d'Etain, Aengus poursuivit sa mère adoptive dans une quête de vengeance. Il la traqua jusqu'à l'endroit où elle séjournait avec son ami druide Bressal et la décapita. Il ramena son trophée brutal chez lui, à Bru na Boinne.

Enfin réunis

Midir et Etain se sont retrouvés de nombreuses années plus tard, alors qu'elle était déjà mariée au roi d'Erin connu sous le nom d'Eochu. Eochu avait également un frère nommé Ailill, qui s'étiolait à cause de la maladie due à son amour non partagé pour Etain. Lorsque son mari quitta le château pour visiter son royaume, Ailill lui avoua son amour, et elle fut le seul remède à sa maladie. Voulant qu'il se sente mieux, elle accepta de le rencontrer dans une chaumière sur la colline, à l'abri des regards indiscrets, et de ne pas ébruiter l'affaire dans le lit du roi.

Midir s'est infiltré dans les murs du château et s'est déguisé en Ailill à chaque fois. Elle rencontra Midir, mais elle comprit que quelque chose n'allait pas chez le frère de son mari. Au lieu d'avoir des relations avec l'imposteur, elle conversa avec Midir. Lors de la troisième rencontre, Midir avoua enfin qui il était et la jeune fille qu'elle était auparavant.

Au début, elle refusa de croire qu'elle était une mortelle née de nouveau. Après avoir été convaincue, elle finit par croire Midir et n'accepta de rentrer chez elle avec lui que si Eochu l'y autorisait. A l'arrivée d'Eochu dans son château, Midir le défia aux échecs.

Au début, Eochu semblait être le meilleur joueur. Les enjeux étaient constamment augmentés, avec des pertes de plus en plus importantes pour Midir. Lors de la toute dernière partie, Midir proposa un défi où le vainqueur serait autorisé à embrasser Etain. Croyant qu'il gagnerait, Eochu accepta de relever le défi. Malheureusement, le roi perdit le pari. Il posa comme condition que Midir puisse réclamer son prix au bout d'un an.

Au cours de cette année, Eochu demanda que son château soit lourdement gardé en prévision du retour de son ennemi. Malgré les nombreux gardes, Midir se glissa dans le château sans se faire repérer. Là, il se présenta au roi pour réclamer son prix. Lorsque le roi accepta qu'ils s'embrassent, Etain et Midir se transformèrent en cygnes et s'envolèrent.

Midir et son grand amour se sont transformés en cygnes pour pouvoir enfin profiter de la vie qu'ils voulaient ensemble après des années d'attente. Dans le mythe suivant, il existe des similitudes entre les deux frères qui recherchent sans cesse leur véritable amour.

Les rêves d'Aengus

Être le dieu de l'amour avait certainement ses avantages, et Aengus en profitait souvent. Il pouvait rendre amoureuse n'importe quelle femme, qu'il s'agisse d'une mortelle ou d'une puissante déesse. Il se servait de sa belle apparence et de sa langue veloutée pour attirer les femmes dans son lit. De plus, les oiseaux qui l'entouraient chantaient de belles chansons qui l'aidaient à courtiser les femmes.

La femme de ses rêves

Une nuit, alors qu'il dormait, Aengus rêva d'une belle jeune fille. Bien qu'il ne connaisse pas son nom, il tomba immédiatement sous le charme de sa beauté. Il se réveilla en sursaut et réalisa qu'il venait de voir le visage de son véritable amour. Son cœur se tordit de désir et d'angoisse de ne pouvoir la connaître, et il recruta l'aide de sa mère Boann et d'une déesse du bétail du nom de Bealach na Bo Finne.

Ils ont fouillé la terre pendant un an avant de revenir épuisés et les mains vides. Les déesses ne parvinrent pas à retrouver la mystérieuse femme des rêves d'Aengus. Désemparé, il demanda à son père, le Dagda, de l'aider à retrouver son amour perdu. Une autre année s'écoula avant que le Dagda ne revienne pour révéler qu'il n'avait pas non plus trouvé la jeune fille.

Dans une dernière tentative pour retrouver son amour perdu depuis longtemps, Aengus demanda de l'aide à l'un des amis du Dagda, le roi Bodg Derg du royaume de Munster. A nouveau, Aengus attendit un an avant que Bodg Derg ne revienne, mais cette fois, il lui révéla comment il l'avait enfin retrouvée. Il lui indique l'endroit où elle se trouve, puis lui donne son nom : Caer Ibormeith. Ayant appris tout ce qu'il devait savoir, il partit à la recherche de l'amour de sa vie.

Une aiguille dans une botte de foin

Lorsque Aengus arriva à l'endroit où se trouvait son amour perdu, c'était le dernier jour de Samhain, l'Halloween d'aujourd'hui. Sur les rives du lac connu sous le nom de Bouche du Dragon, il découvrit 150 femmes enchaînées deux à deux. Il savait que son véritable amour était là, attendant qu'il la libère de sa captivité.

Outré, il entame une conversation avec les ravisseurs des femmes. Il découvrit alors qu'à la fin de Samhain, toutes les femmes seraient transformées en cygnes pendant un an. Aengus expliqua qu'il croyait qu'une femme était son âme sœur. Il paria que s'il parvenait à trouver sa jeune fille sous la forme d'un cygne, il serait autorisé à l'épouser. Les ravisseurs acceptèrent le pari. Alors qu'il contemplait les visages de ces 150 femmes, il reconnut le visage de la femme de ses rêves. Ses yeux étaient remplis d'espoir lorsque son regard se posa sur elle et que la reconnaissance inonda son visage.

L'amour d'un cygne

Après la transformation des femmes en cygnes, la situation semblait désespérée pour Aengus. Il n'y avait aucun moyen de distinguer Caer des autres cygnes en se basant sur leur apparence physique actuelle. Il réfléchit un bref instant avant de décider de retrouver son amour en se transformant lui aussi en cygne. Après sa transformation, il appela son véritable amour, qui lui répondit.

Aengus et Caer se sont enfin unis après avoir rêvé d'elle. Après s'être découverts l'un l'autre, ils s'envolèrent en chantant la plus belle chanson connue de l'homme. Leur harmonie dans la chanson jeta un sort de sommeil sur ses ravisseurs, qui les fit dormir pendant trois jours entiers avant de se réveiller.

Depuis cette nuit, le couple parfait se retransforme en cygne tous les deux ans à la fin de Samhain. Le couple, ainsi que les 149 autres femmes, se rassemblent et conservent leur forme de cygne pour le reste de l'année. Ils sont restés dans cette danse éternelle entre les formes avec un amour sans fin.

Conclusion

Aengus apparaît dans cinq mythes différents du panthéon celtique. Son influence et son pouvoir dans le contexte des mythes ont garanti son succès en tant que dieu, et il était une divinité bien-aimée des Celtes. Bien que les circonstances de sa naissance aient été scandaleuses, il était également porteur d'espoir pour les peuples celtes. Lui et son frère Midir ont réussi à trouver et à conserver l'amour qu'ils recherchaient, même au cours de la douloureuse période d'attente. Aengus avait de nombreux dons, mais la persévérance dans l'amour était son plus remarquable.

CHAPITRE 4 : LA VIE DE LUGH

Lugh, l'un des dieux les plus importants du panthéon celtique, était un maître de tous les métiers et croyait en la valeur des serments. Il était insurpassable au combat et était connu sous le nom de Lumfada ou "long bras". Ce nom fait référence à la lance qu'il préférait au combat et à la maîtrise qu'il avait de cette arme. À la fois aimé et craint, Lugh a été, à une époque, le chef du peuple des Tuatha de Danann. En tant que dieu de la justice et du respect des serments, il est probable que son nom soit un hommage celtique à l'expression signifiant "lier par serment". Bien qu'il soit roi et qu'il règne sur la justice, il utilise également la ruse pour tricher, mentir et voler afin de vaincre ses ennemis.

En raison de l'importance de Lugh dans le panthéon, les Celtes avaient même un festival qui portait son nom. Le 1er août, les Celtes célébraient la vie et la mort de Lugh, en particulier sa victoire à Tir na nOg, dont il sera question plus loin dans ce chapitre. La vie de Lugh était fascinante et s'est poursuivie même après sa mort.

La naissance de Lugh

Tout comme Aengus, Lugh était un enfant né dans un environnement scandaleux. Différents mythes découlent de cette naissance unique, mais l'un d'entre eux se distingue des autres. Certains mythes prétendent que son père Cian et sa mère Ethniu se sont mariés pour cimenter une union entre le peuple des Tuatha De Danann et les Fomorians. Selon ce mythe, les Tuatha De Danann étaient en train d'envahir les Fomorians, et le mariage était le résultat d'une paix définitive entre les royaumes. Cependant, une version plus tardive du mythe est apparue, qui raconte la prophétie de sa naissance.

Une vision prophétique

Balor, l'une des créatures légendaires du panthéon celtique, était le roi des Fomorians, une race de démons qui vivaient dans les profondeurs des mers et des lacs. Un jour, un druide parla d'une prophétie concernant Balor : il serait tué par son petit-fils. Interloqué, Balor rentra précipitamment dans son château et ordonna que sa fille Ethniu soit enfermée dans une tour appelée Tor Mor, ou "grande tour", sur l'île de Tory, en Irlande.

Elle ne devait pas apprendre l'existence d'hommes pour prévenir les grossesses, et donc la prophétie. Ethniu était très jeune au moment de son emprisonnement. Balor était méticuleux quant au choix de la personne qui s'occuperait de sa fille, et il n'a confié ses soins qu'à des femmes. Au total, douze femmes se sont relayées pour s'occuper de ses moindres besoins jusqu'à ce qu'elle atteigne l'âge adulte.

La nuit fatale

Pendant ce temps, à l'extérieur du Tor Mor, il y avait une vache célèbre qui produisait un lait si bien accueilli qu'il attirait même des gens comme Balor. Cian, le père de Lugh, s'occupait de la vache pour son frère qui était absent à ce moment-là. Cian était également l'un des guérisseurs des dieux et occupait une position très respectée au sein du panthéon.

Balor, dans sa cupidité, voulait la vache magique pour lui-même. Il proposa d'acheter la vache, mais Cian refusa l'offre. Furieux, Balor se transforma en un petit mortel aux cheveux roux et aux taches de rousseur, racontant une histoire de malheur. Il trompa Cian et, grâce à sa ruse, parvint à le convaincre de lui donner la vache.

Peu après, Cian se rendit compte qu'il avait été piégé. Il avait entendu des rumeurs sur une femme piégée dans une tour, qui s'avérait être la fille de Balor. Cherchant à se venger du vol, Cian rendit visite à une fée magique nommée Birog, qui avait accepté de l'aider. Elle a conjuré un sort qui l'a transporté au sommet de la tour où Ethniu était emprisonnée.

Après être entré par une fenêtre, Cian s'est présenté et a commencé à faire la cour à Ethniu. Peu après, il l'a séduite et est repassé par la fenêtre pour récupérer la vache volée. Espérant avoir semé les graines de sa vengeance, il s'est enfui de la région.

L'enfant presque noyé

Lugh, ainsi que ses deux autres frères et sœurs, ont été conçus cette nuit-là. Au fil du temps, Balor se rendit compte que sa fille était bel et bien enceinte. Après qu'elle eut donné naissance à ses triplés, son père les lui arracha des bras, les rassembla dans un paquet de draps, puis ordonna à un serviteur de les noyer dans le lac. Le serviteur s'exécuta. Elle réussit à noyer les deux premiers triplés, mais laissa tomber le troisième dans le port. Ce troisième enfant était Lugh, qui fut ensuite sauvé par Birog.

Lorsque Birog comprit qui était le père de l'enfant, elle rendit Lugh à Cian. Pour mieux protéger son fils, Cian décida de le confier à quelqu'un. Selon les différentes versions du mythe, le frère de Cian, Gavida, le dieu de la forge, le dieu de la mer Manannan mac Lir, et même la reine de Bilrog, Tailtiu, sont les parents adoptifs de

Lugh. Comme Lugh était caché, le jour de la vengeance de Balor n'arriva jamais, mais cela renforça la prophétie qui allait se dérouler.

Lugh et les Tuatha De Danann

Après sa survie miraculeuse, Lugh grandit et devient un excellent jeune homme. Au fil du temps, il maîtrisa tous les métiers et toutes les compétences, au point de vouloir devenir membre des Tuatha de Danann. En tant que protecteur des dieux, il se rendit compte qu'il pouvait posséder un pouvoir considérable et inspirer le respect des peuples inférieurs.

Rejet et ruse

Lugh maîtrisait tous les métiers que les dieux et lui-même jugeaient utiles. Les compétences dans des métiers tels que la forge, l'épée, l'histoire, la poésie, la sorcellerie et bien d'autres étaient considérées comme la priorité absolue lorsqu'il s'agissait de permettre à quelqu'un de régner sur un certain métier. Il entra dans la salle de Nuada, dans le royaume de Tara, ou palais des dieux.

Il frappait aux portes du palais et demandait une audience avec le roi pour montrer ses talents. Ceux qui étaient dignes de l'attention du roi se voyaient accorder l'accès pour servir le roi avec leurs dons. Lugh a prouvé à maintes reprises qu'il était digne de faire partie des Tuatha De Danann. Cependant, à chaque fois qu'il était reçu par le portier, il était éconduit parce que les rôles étaient déjà occupés.

Après le dernier refus, il s'est rendu compte qu'il ne pourrait pas atteindre son objectif avec une seule compétence. Curieux et élaborant un plan, il demanda au portier si le rôle de maître de toutes les compétences était pris ; la réponse fut négative. Lugh se retrouva donc dieu avec le titre de "maître de toutes les compétences". Après son audience avec le roi, il est désormais connu sous le nom de Chief Ollam, ou "maître de toutes les compétences".

Sauveur des dieux

Lorsque Lugh accéda enfin au palais, il découvrit que son peuple était opprimé par les Fomoriens. Ils étaient constamment dans la crainte et la soumission aux Fomoriens, ce qui surprit Lugh. Les Fomoriens organisèrent un concours pour déterminer qui était le plus habile dans plusieurs tâches, comme le lancer d'une pierre et le combat. Lugh s'opposa au champion Ogma et remporta toutes les épreuves, comme le suggéraient son nouveau nom et son nouveau titre. Il joua ensuite de la harpe pour divertir les Fomoriens et la cour.

Nuada, l'actuel roi des dieux, a approché Lugh en raison de ses compétences et s'est demandé si ce jeune homme pourrait être leur salut. Lugh fut alors initié aux stratégies de combat, tandis que les Tuatha De Danann commençaient à se préparer à la guerre contre les Fomoriens. Cependant, leurs préparatifs ne durèrent pas, car la première bataille de Moytura se développa.

Au cours de ce conflit, les Tuatha De Danann et les Fomoriens sont parvenus à une impasse. Nuada avait perdu sa main droite et, conformément à leurs coutumes, fut contraint de se retirer. Dans les traditions des Tuatha De Danann, un roi doit rester sans tache ; comme le roi avait perdu sa main, il n'était plus en mesure d'être roi. Par conséquent, le suivant dans l'ordre de succession était Bres, qui a retardé la guerre. Bres était un sang-mêlé, l'un de ses parents étant un Fomorien.

La deuxième bataille de Moytura

Avec le temps, Bres a régné sur les Tuatha De Danann et a contribué à leur asservissement aux Fomoriens. Le roi Bres régna pendant 27 ans, forçant son royaume à se plier à la volonté des Fomoriens. La première bataille de Moytura s'effaça de l'esprit de tous, sauf de celui de Lugh. Alors que le roi Bres régnait, Lugh partit à la recherche de Nuada, le roi légitime, pour lui réclamer le trône. Wright affirme que Lugh, ainsi que deux autres personnes qui seraient le père et le frère de Cian, ont aidé à forger deux poings : l'un d'argent et l'autre de chair, pour les rendre à Nuada afin de l'aider à récupérer le trône. Une fois Nuada rétablie, Lugh a pu rassembler des troupes et préparer une nouvelle guerre.

Avant la bataille finale de Moytura, Lugh a inspiré les troupes en leur demandant quelles étaient leurs compétences. Au fur et à mesure qu'il faisait appel à chaque homme et à chaque femme, leur inspiration et leur détermination à gagner la bataille s'intensifiaient. De nombreuses troupes savaient qu'elles ne reviendraient pas de la bataille, mais leur volonté de se battre pour se libérer de l'oppression et de l'esclavage surpassait même les puissants esprits des dieux et des rois. Après le dernier discours de Lugh, ils déclarèrent la guerre aux Fomoriens.

La prophétie se déploie

La bataille brutale fut longue, sanglante et ardue. Le sang coula des deux côtés, chacun se battant vaillamment. L'épuisement dégoulinait des membres de chacun alors que le métal des forces opposées s'entrechoquait. Les deux camps subirent de lourdes pertes. Nuada détrôna Bres après avoir repris la main. Après la chute de Bres, les Fomoriens refusèrent d'accepter leur défaite ; les Tuatha De Danann, inspirés par l'élimination d'un tyran, se battirent avec plus d'ardeur.

Nuada fut bientôt tué par Balor, après le détrônement de Bres. Balor décapita le roi au milieu de la bataille. La perte soudaine de leur roi affecta tous les Tuatha De Danann. Beaucoup d'entre eux chancelèrent lorsqu'ils réalisèrent ce qui était arrivé à leur roi, mais le chagrin soudain alimenta leur soif de sang et de vengeance. Lugh n'était pas différent et chercha son grand-père.

Avant que Balor ne puisse vraiment savourer sa glorieuse mise à mort, Lugh lui fit face. La reconnaissance et la peur rayonnaient de l'œil unique du géant. Il ouvrit son autre œil, réputé pour empoisonner tous ceux qu'il regardait. Lugh était prêt. Une fois l'œil ouvert, il tira une pierre de sa fronde. Le projectile frappa Balor dans l'œil empoisonné, le tuant sur le coup. Il tomba à la renverse, et le règne de la terreur s'éteignit avec lui. La prophétie avait bouclé la boucle.

Résolution

Après la mort de Balor, le vent a tourné en faveur des Tuatha De Danann. Une fois le roi bien-aimé des Fomoriens tombé, leur volonté de se battre s'est effondrée. Les Tuatha De Danann chassèrent les Fomoriens dans le lac, qu'ils revendiquèrent alors comme faisant partie de leur royaume. La bataille était gagnée, mais il restait un dernier point à régler : comment s'occuper de Bres.

Lugh traqua Bres une fois la bataille gagnée, alors que Bres était seul, sans défense et toujours sur le champ de bataille. Bres supplia à quatre pattes d'être épargné. Lugh accepta, mais seulement si Bres acceptait de partager ses connaissances sur ce qu'il faut planter, semer et récolter sur les terres des Tuatha De Danann, et sur le moment où il faut le faire. Bres accepta les conditions mais fut plus tard tué par Lugh qui lui donna le lait empoisonné de 300 vaches en bois et le força à le boire.

Prouvant qu'il était le maître de toutes les compétences, en particulier celles du combat, Lugh fut officiellement déclaré roi des Tuatha De Danann. Il régna sur le royaume pendant de nombreuses années - environ 40 ans - jusqu'à sa mort et le début de la fin du règne des Tuatha De Danann.

La mort du roi

Loué pour sa capacité à gouverner le royaume des dieux, Lugh était aussi un filou, connu pour ses liaisons incessantes. Tout au long de sa vie, il a eu au moins trois femmes différentes portant les noms de Bui, Buach et Nas. On ne sait pas encore si toutes ses femmes ont été mariées à lui en même temps, ou s'il a divorcé et s'est remarié. Quoi qu'il en soit, Lugh n'appréciait guère que ses femmes aient des aventures extraconjugales. L'une de ses femmes, Buach, eut une liaison avec le fils du Dagda, Cermait.

Lorsqu'il découvrit la liaison, Lugh tua Cermait dans l'ardeur de sa vengeance. Une fois l'amant de sa femme tué, il fit comme si rien ne s'était passé et continua sa vie comme si de rien n'était. Les trois fils de Cermait, Mac Cuill, Mac Greine et Mac Cehct, commencèrent à préparer leur vengeance.

Les fils de Cermait capturèrent l'ancien grand roi et lui plantèrent une lance dans le pied, le piégeant sur la rive d'un lac. Ils le noyèrent ensuite dans le lac en lui enfonçant la tête sous l'eau jusqu'à ce qu'il ne puisse plus respirer. Il tenta de combattre les trois ennemis, mais ses efforts s'affaiblissant, les fils parvinrent à le maîtriser. Ils laissèrent son corps dans le lac et lui donnèrent le nom de Loch Lugborta.

Après sa mort, Lugh a été envoyé à Tir na nOg, ou Overworld, l'équivalent de l'Elysium et du paradis dans d'autres panthéons et textes historiques. L'Outre-Monde était également connu comme le pays de la jeunesse sans fin, ce qui signifie qu'il n'y avait ni mort, ni maladie, ni vieillissement. Lugh se rendait souvent dans le royaume des mortels et l'on croyait qu'après sa mort, il avait engendré le légendaire Cu Cuthlainn.

Conclusion

La vie et la mort de Lugh sont une histoire fascinante de tromperie, de vengeance et d'amour. Des circonstances de sa naissance à son complot pour devenir le roi des dieux, Lugh était l'enfant de la prophétie et un dieu de la justice. C'était une divinité qu'il ne fallait pas prendre à la légère, dans la vie comme dans la mort. Le peuple celte puisait dans ses mythes sagesse et force. Un festival était exclusivement organisé en son nom pour honorer sa vie et son voyage vers Tir na nOg. Très apprécié du peuple celte, Lugh inspirait tous ceux qui l'honoraient.

CHAPITRE 5 : LE DAGDA

Le Dagda, également connu comme le roi supérieur du panthéon celtique, était admiré par le peuple pour sa gaieté et son sérieux à parts égales. Le Dagda était souvent représenté massif comme un géant et avec un manteau à capuchon en lambeaux trop petit pour lui. Certaines parties de son corps étaient dépeintes comme plus grandes que nature. En raison de l'influence du christianisme sur le peuple celte, les catholiques ont dépeint cette divinité comme une satire comique afin de saper l'autorité qu'elle possédait.

Le Dagda avait de nombreux épithètes et attributs, mais il était surtout connu comme le roi des dieux. Il a régné sur les Tuatha De Danann pendant 80 ans avant de mourir, ce qui a permis à Lugh de s'élever. L'un des impacts les plus notables sur le panthéon celtique était qu'il rappelait que toutes les choses meurent, même les dieux eux-mêmes.

Le Dagda et les outils magiques

Le Dagda était connu pour avoir trois outils magiques en sa possession lorsqu'il régnait sur les Tuatha De Danann : un chaudron magique, un bâton et une harpe. Chacun de ces outils représentait sa maîtrise dans un domaine particulier. Ces outils, ainsi que la façon dont il était présenté dans les mythes, témoignaient de sa brillance et de sa sagesse pendant son règne.

Le chaudron

Le chaudron qu'il emportait avec lui lors de ses voyages était réputé être sans fond. Connu sous le nom de *coire ansic*, ce chaudron magique en bronze était réputé pour ne jamais se vider, donnant à tous ceux qui s'aventuraient avec lui un ventre plein. On raconte également que la louche était si grande qu'elle pouvait contenir confortablement deux hommes. Les capacités magiques du chaudron comprenaient la résurrection des morts et la réparation de n'importe quel type de blessure.

Ce chaudron était également l'un des quatre trésors des Tuatha De Danann. Chaque trésor était situé sur une île spécifique, avec des épreuves et un poète maîtrisant plusieurs arts : la connaissance, la druidologie, la magie et les visions prophétiques. Pour remporter l'un de ces trésors, le challenger devait affronter le poète afin d'atteindre une maîtrise totale du sujet.

Quatre îles et villes étaient associées à chacune de ces compétences. Dans la ville de Falias se trouvait le poète Fessus, ou Morfessa, qui détenait la pierre de Fal. Ce trésor était associé au roi d'Irlande dans son ensemble et lui conférait donc des pouvoirs. La ville de Gorias, avec le poète Esras, détenait une lance que Lugh utilisa plus tard dans sa vie. La lance conférait à son porteur l'invincibilité face à une armée d'ennemis. La cité de Findias et le poète Uscias possédaient l'épée de lumière, qui fut plus tard donnée à Nuada. Cette épée rendait les ennemis incapables d'échapper à l'épée une fois qu'elle était dégainée. Enfin, le chaudron était détenu par le poète Semias dans la cité de Murias.

Malheureusement, il n'existe pas d'histoire ou de mythe sur la façon dont le Dagda a pu obtenir ce chaudron. Les érudits se demandent s'il a gagné le chaudron lui-même ou s'il s'est attribué le mérite du travail d'un autre.

Le personnel

Un autre des souvenirs tristement célèbres du Dagda était le bâton qu'il portait toujours sur lui, appelé *lorg mor*. Dans diverses traductions du mythe, en raison des nombreuses langues parlées par les Celtes, le bâton est également appelé "massue". Dans tous les cas, cette arme précieuse conférait au Dagda la capacité de tuer et de ressusciter.

Il n'existe qu'un seul mythe illustrant comment le Dagda s'est vu prêter le bâton par trois hommes portant des cadeaux qui leur avaient été offerts par leur père. Cette histoire commence après que le fils du Dadga, Cermait, a été tué par Lugh pour avoir eu une liaison avec sa femme. Le Dagda retrouva son fils après que Lugh l'eut assassiné pour se venger et porta Cermait sur son dos en pleurant. Après avoir parcouru une grande distance, il déposa délicatement Cermait sur le sol et commença à prononcer tous les sorts qu'il connaissait pour ramener son fils d'entre les morts. Tout en murmurant diverses incantations, il le couvrit d'herbes.

Ce fut en vain. Son fils ne s'étant pas réveillé, le Dagda transporta Cermait à travers le monde jusqu'à ce qu'il rencontre des marchands orientaux. Il trouva trois hommes, chacun portant un cadeau que leur père leur avait offert. Le Dagda leur demanda de quoi il s'agissait et ils répondirent par trois objets : une cape, un bâton et une chemise. Le bâton était doté de pouvoirs magiques de résurrection et de destruction, la cape permettait à son porteur de se métamorphoser en n'importe quoi tant qu'il la portait, et la chemise garantissait à son porteur de rester en bonne santé en cas de maladie ou de tristesse.

C'est le bâton qui intéresse le plus le Dagda. Les trois hommes lui décrivirent les pouvoirs du bâton. L'extrémité lisse servait à la résurrection et l'extrémité rugueuse permettait de tuer jusqu'à neuf ennemis à la fois. Il demanda à emprunter le bâton et commença à tuer les hommes simultanément. Après le massacre, le Dagda ramena Cermait à la vie. Après s'être réveillé, Cermait convainquit son père de rendre également la vie aux hommes qu'il avait tués, et le Dagda accepta.

Une fois les hommes en vie, il leur permit de garder la cape et la chemise afin qu'ils ne soient pas dépourvus. Le bâton, en revanche, était un objet qu'il avait initialement emprunté et qui ne lui appartenait pas. Le Dagda fit le serment qu'à l'heure de sa mort, le bâton reviendrait à son propriétaire légitime.

La harpe

Sa harpe de confiance, également connue sous le nom de *uaithne* ou "musique à quatre angles", était également imprégnée de propriétés magiques distinctives. La harpe elle-même était composée de bois de chêne et ornée d'or et de joyaux. Si le spectacle était magnifique, la musique jouée par le Dagda était indescriptible. Elle conférait au Dagda le pouvoir de changer l'humeur de quiconque se trouvait à portée de voix, ainsi que de changer les saisons.

Bien que l'on ne sache pas comment la harpe est entrée en possession du Dagda, un mythe l'entoure. Lors de la deuxième bataille de Moytura, le Dagda a utilisé la magie de la harpe pour influencer les forces adverses. Pendant la bataille, il jouait des accords musicaux pour inciter les hommes à oublier leurs peurs et à se concentrer sur la soif de sang et la vengeance. Une fois la bataille terminée, la harpe a permis aux hommes de se souvenir de la gloire de la bataille plutôt que de la douleur de leurs blessures et de la tristesse de la perte de leurs frères d'armes.

Avant la deuxième bataille de Moytura, la harpe fut volée une nuit, alors que les Fomorians et les Tuatha De Danann étaient en guerre les uns contre les autres. Les Fomoriens avaient entendu parler de la glorieuse harpe du Dagda et du pouvoir qu'elle conférait. Pendant que le Dagda participait aux nombreuses batailles, les Fomoriens se glissèrent dans sa maison non gardée pour voler la harpe. Après avoir réussi à voler la harpe, ils pensaient qu'elle leur serait utile tout en affaiblissant les Tuatha De Danann.

Après s'être fait voler sa harpe, le Dagda s'est précipité vers le quartier général, un vieux château abandonné que les Fomoriens utilisaient comme abri temporaire. La harpe était accrochée à un mur derrière l'endroit où tous les Fomoriens s'étaient rassemblés pour manger et festoyer de leur victoire sur leurs rivaux. Cependant, lorsque le Dagda entra dans le château abandonné, il appela sa harpe. La harpe suivit la voix de son maître jusqu'à ce qu'ils soient réunis. Le Dagda joua une chanson sur la harpe, ce qui fit pleurer les femmes et les enfants ; les hommes se cachèrent le visage dans des manteaux à cause de la honte qu'ils ressentaient d'avoir volé. La chanson suivante qu'il joua permit à tous les Fomoriens de rire hystériquement, au point qu'ils ne pouvaient plus bouger. Enfin, la dernière chanson qu'il joua était si paisible qu'elle endormit la population.

Lors de la première défense visant à empêcher le Dagda de récupérer la harpe, neuf hommes se sont jetés sur lui. Avec son bâton, le Dagda a tué les neuf hommes d'un seul coup.

Le retour du personnel

Le Dagda, ainsi que de nombreuses divinités, dont Lugh et Nuada, ont combattu côte à côte lors de la deuxième bataille de Moytura contre les Fomoriens. Dans la mythologie celtique, cette bataille est l'une des dernières du premier cycle mythologique appelé le cycle des invasions, qui relate l'ascension et la chute des Tuatha De Danann. Au cours de cette bataille, les deux camps subirent de lourdes pertes, dont celle du Dagda.

Comment courtiser la déesse de la guerre

Avant la deuxième bataille de Moytura, le conflit entre les Fomoriens et les Tuatha De Danann ne cessait de s'intensifier. Chaque camp savait qu'une bataille serait inévitable ; ils avaient déjà eu un conflit par le passé, et une fois sous la domination de Bres, les Fomoriens étaient devenus plus arrogants et plus fermes. Cependant, les dieux veillaient à ce que, lorsque la bataille viendrait, ils aient un léger avantage sur leurs adversaires.

Le Dagda était chargé de capturer le bétail, y compris les bovins et les ovins, pour le lait et la viande. Il tentait de tromper les Fomoriens en les privant de ressources importantes pour l'alimentation de leurs armées, en se concentrant sur les bovins et les ovins. Bien que ses vols n'aient pas donné grand-chose, ils ont permis aux Fomoriens de rester vigilants et d'être conscients de la présence des Tuatha De Danann.

Alors que les tensions atteignent leur paroxysme, les deux camps se préparent à la guerre. Le Dagda, dans son infinie sagesse, rendit visite à la Morrigan, déesse de la guerre, de la mort et de la prophétie. Le fait d'être le roi des dieux avait ses avantages, et le Dagda utilisait tous les privilèges et le prestige que lui conférait son titre. Il rendit visite à la Morrigan alors qu'elle se baignait le jour de Samhain, lui donnant ainsi accès à elle. Elle a d'abord refusé, sachant ce que le Dagda recherchait vraiment, mais il l'a quand même séduite.

Impressionnée par ses talents d'amant, elle accepta d'aider les Tuatha De Danann en leur accordant ses faveurs. Utilisant ses pouvoirs de prophète, elle lui accorda une vision de la bataille imminente, dont les Tuatha De Danann sortirent victorieux, mais l'avertit qu'il y aurait un lourd tribut à payer. Insouciant, il quitta la Morrigan pour continuer à travailler sur les stratégies de combat.

La bataille finale : Les Tuatha De Danann contre les Fomoriens

Lors de la deuxième bataille de Moytura, le Dagda utilisa ses trois objets magiques pour l'aider. Alors que Lugh ralliait les troupes pour la bataille, il fit appel au Dagda, lui demandant quels dons il avait utilisés pour assurer la victoire des Tuatha De Danann. Son puissant bâton fut le premier à être invoqué, car il était capable de tuer neuf ennemis à la fois. Il mentionna également la harpe, pour effrayer les Fomoriens et apporter une bande-son pour que les soldats soient remplis de la soif de sang et de la gloire de la bataille. Le chaudron devait permettre à chaque homme ou femme d'être nourri et soigné.

Lors de la grande bataille, après la chute de Nuada aux mains de Balor, le Dagda se précipita pour aider son frère. Rempli de rage et de chagrin, il se lança alors dans la bataille contre la femme de Balor, Cethlenn. Lors du combat, elle blessa mortellement le Dagda à l'aide d'une arme à projectile telle qu'une lance, mais l'arme elle-même reste un mystère.

La bataille fut gagnée, et les Tuatha de Danann sortirent vainqueurs comme cela avait été prophétisé. Le Dagda retourna chez lui, à Bru na Boinne, où il fut enterré. Son bâton fut alors rendu à la famille des trois hommes à qui il l'avait initialement emprunté. Comme l'avait promis le Dagda lui-même, à sa mort, le bâton revint à son propriétaire légitime.

Le Dagda a régné sur les Tuatha De Danann pendant 70 à 80 ans, selon les différentes versions du mythe. Bien que son corps physique soit mort, son esprit a continué à vivre.

Comme la plupart des membres des Tuatha De Danann, lorsqu'ils meurent, ils passent dans l'Autre Monde. Toutefois, il est toujours possible de parler à leur esprit par l'intermédiaire des tertres de fées. Lorsqu'une personne était dans le besoin, elle pouvait faire appel au dieu en s'adressant à son tertre funéraire situé près de sa maison.

Conclusion

Les mythes omniprésents du Dagda avaient donné lieu à de nombreuses spéculations sur le type de divinité qu'il était. Il n'était peut-être pas aussi célèbre que d'autres divinités comme Lugh ou même la Morrigan, mais le Dagda a connu un développement exceptionnel en tant que dieu et en tant qu'histoire. Le Dagda était plus connu pour son utilisation d'outils magiques dans les batailles et, bien sûr, pour avoir engendré le dieu de l'amour Aengus en ayant une liaison avec la déesse de la rivière Boann. Ses nombreux choix douteux l'ont conduit sur le chemin de nombreuses victoires et du succès de sa lignée en tant que divinité. Le Dagda était probablement le plus puissant de tous les rois des dieux, y compris Lugh. Le prochain chapitre présentera le tristement célèbre fils de Lugh, Cu Chulainn : Cu Chulainn.

CHAPITRE 6 : LES MYTHES DE CU CHULAINN

Sans doute l'une des figures les plus connues de l'ancien panthéon celtique, Cu Chulainn était considéré comme un héros et une source d'inspiration pour de nombreux mythes. De sa naissance à sa mort, Cu Chulainn était un personnage qui inspirait le respect et l'admiration de ses amis comme de ses ennemis. Les mythes qui en découlent inspirent encore aujourd'hui cette même crainte et cette même admiration, car ses histoires sont toujours transmises de génération en génération.

Le chien de Culann

La naissance de Cu Chulainn est le fruit de l'infidélité du dieu soleil Lugh lui-même. Selon certaines versions du mythe, Lugh aurait fécondé en rêve une mortelle du nom de Deichtine. Deichtine était alors mariée à Sualtam. Même si l'on croyait que Cu Chulainn était une réincarnation du dieu du soleil lui-même, la grossesse qui en résulta convainquit Sualtam que sa femme avait une liaison. Peu après, le garçon est né.

Setanta

La réaction de Sualtam lorsqu'il s'est rendu compte que sa femme avait eu une liaison reste un mystère. La naissance de l'enfant a sans doute suscité des interrogations, mais il semble que Sualtam ait élevé Cu Chulainn comme s'il était le sien. Né sous le nom de Setanta, le jeune garçon eut une enfance heureuse. Il était aimé de sa mère et de son beau-père, bien qu'ils ne lui aient jamais parlé de sa véritable lignée. Setanta aidait sa famille dans leur ferme en trayant les vaches, en coupant du bois et en effectuant d'autres tâches exclusivement réservées à un enfant.

Setanta n'était cependant pas un enfant ordinaire. Il était obsédé par l'idée d'apprendre à combattre ses adversaires. Un jour, alors qu'il avait environ cinq ans, il entendit des garçons parler d'une école destinée à former les meilleurs guerriers du pays. Cette école était connue sous le nom de Macra. S'ils réussissaient les nombreux examens et se montraient prometteurs au combat, les enfants étaient alors admis dans la célèbre guilde de combattants connue sous le nom de Red Branch Knights (chevaliers de la branche rouge).

Setanta voulait participer à l'action. Il a supplié ses parents de l'envoyer à l'école, mais ils l'ont informé qu'il était encore trop jeune pour y aller. Après tout, les vaches n'allaient pas se traire elles-mêmes.

Contre l'avis de ses parents, il se rendit à l'école le jour même avec un bouclier fait de branches, un bâton et une balle dure. Il se fraya un chemin dans la campagne jusqu'à ce qu'il tombe sur l'école. Les enfants pratiquaient un sport appelé hurling, qui s'apparente aujourd'hui au hockey sur gazon. Setanta, qui était déjà un joueur talentueux, s'est joint au jeu et a rapidement marqué un but.

La préfiguration de la grandeur

Les enfants étaient furieux de voir le nouveau joueur marquer un but sans réfléchir. Setanta, déconcerté par cette hostilité soudaine, a retrouvé son calme lorsque les enfants ont commencé à lui lancer des projectiles et des balles dures.

Quelques-unes l'ont touché, mais il a alors compris qu'il était attaqué. Au lieu de se retourner et de s'enfuir, Setanta a tenu bon et a esquivé tous les coups de poing qu'on lui donnait. Au bout du compte, il a été encerclé par au moins 30 enfants qui l'ont assommé.

Le directeur de l'école et roi de la région, Conchobar, entendit l'agitation à l'extérieur et sortit des murs du château pour se rendre à l'endroit où il entendait la clameur du combat. S'attendant à voir quelque chose de plus catastrophique, il fut agréablement surpris de voir Setanta encerclé par les autres enfants. Le roi inscrivit automatiquement le jeune Setanta et organisa même une fête en son honneur le soir même au château.

Le nouveau nom

Le roi, occupé à recevoir son ami Culann pour le festin, a complètement oublié Setanta. Croyant que tout le monde était là, Culann laissa son chien en liberté pour garder l'entrée du château. Les autres élèves commencèrent à prendre leur repas ; le roi et son invité s'assirent pour manger.

Setanta arriva au château du roi pour participer au festin qui lui avait été promis. Impatient de commencer son entraînement, Setanta se dirigea vers les murs du château lorsqu'il fut accueilli par un chien de chasse qui gardait l'entrée. Ignorant que Setanta était l'invité du roi, le chien l'attaqua. Une bataille féroce s'engagea entre les deux forces. Setanta esquiva les attaques et, d'un seul coup, tua le chien en état de légitime défense.

Les cris et les grognements attirent le roi et Culann. Le roi se souvint de Setanta et se précipita pour l'aider, craignant le pire pour l'enfant. Au lieu de cela, il trouva le corps brisé du chien sur le sol. Setanta était vivant et en grande partie indemne, à l'exception de quelques égratignures dues à la bagarre.

Culann pleure la perte de son chien de garde. Pour réparer le malentendu, Setanta propose ses services : il jure de garder la maison de Culann le temps de trouver et d'élever un nouveau chien. Le roi et Culann sont déconcertés par la promesse d'un enfant, mais ils acceptent l'arrangement.

Tout le monde dans la salle de banquet était d'accord pour dire qu'un tel acte ne devait pas passer inaperçu. Un nouveau nom devait être donné au garçon qui avait tué un ennemi aussi puissant. Désormais, Setanta sera connu sous le nom de Cu Chulainn, ou "le chien de Culann".

Autres récits

Bien que cette version du mythe s'adresse davantage aux enfants, il existe des variantes du mythe qui augmentent les enjeux. Dans l'une d'elles, le début est le même, mais les conditions de la mort du chien sont différentes. Dans cette version, Culann n'était pas un ami du roi, mais l'un de ses ennemis qui tentait de lui tendre une embuscade et de le tuer. Setanta arriva au château mais fut accueilli par un bruit de métal qui s'entrechoquait. Il se précipita pour défendre le roi contre le chien et le tua. Culann s'enfuit. Cependant, l'histoire de l'héroïsme demeure dans le contexte du mythe.

Les (nombreux) amants de Cu Chulainn

Le prestige de Cu Chulainn en tant que guerrier l'a suivi dans ses nombreux voyages et batailles au fil des ans. Jeune, séduisant et puissant, il eut son lot d'amantes. L'infidélité est omniprésente dans les mythes du panthéon celtique, et l'histoire de Cu Chulainn ne déroge pas à la règle.

Jeunes et célibataires

Beaucoup d'hommes avec lesquels Cu Chulainn s'aventurait étaient constamment inquiets qu'il ne tente de leur voler leur femme. Le jeune demi-dieu était un jeune homme séduisant, et il utilisait souvent son physique pour séduire les femmes. Pour remédier à ce problème, les hommes cherchèrent de tous côtés une épouse convenable pour Cu Chulainn, mais en vain. Beaucoup tombèrent amoureuses de lui, mais il ne les aimait pas.

Cependant, une femme attire l'attention de Cu Chulainn. Elle s'appelait Emer, fille de Forgall Monach, qui s'opposait à la rencontre. Il imagina un plan pour que Cu Chulainn s'entraîne en Écosse avec une guerrière nommée Scathach. Ses talents de guerrière étaient légendaires et il pensait que Cu Chulainn ne ferait pas le poids face à elle. Lorsqu'il suggéra cela à Cu Chulainn, celui-ci accepta et se rendit en Écosse pour s'entraîner. Pendant qu'il s'entraînait, il engendra un fils du nom de Connla, mais il n'était pas vraiment présent dans sa vie.

Après sa formation, il retourne en Irlande et demande la main d'Emer. Le père d'Emer n'approuvait toujours pas le mariage. Furieux, Cu Chulainn prit d'assaut les murs du château et tua de nombreux hommes de Monach, mettant à profit l'entraînement qu'il avait suivi en Écosse avec Scathach. Battu, le roi finit par donner sa bénédiction et autorise les deux époux à se marier.

La mort de son fils

Un autre mythe impliquant ce puissant guerrier est la mort accidentelle de son fils Connla. La femme qui a porté son enfant s'appelait Aife. Elle était la rivale de Scathach et, dans certaines versions, sa sœur jumelle. Cu Chulainn et Aife s'affrontèrent, les deux étant presque à égalité, mais Cu Chulainn eut le dessus. Il l'a trompée en disant qu'au plus fort de la bataille, son char et ses chevaux étaient tombés d'une falaise. Les chevaux et le char d'Aife étaient son bien le plus précieux. Après l'avoir distraite, il lui a mis un couteau sous la gorge et a exigé qu'elle lui donne un enfant.

Lorsqu'il quitta l'Écosse, Aife était encore enceinte de son futur fils Connla. Au fil des ans, le jeune Connla voulut savoir qui était son père. Il s'aventura en Irlande à la recherche de son père. Pour se venger de l'absence de Cu Chulainn, elle dit au jeune garçon de ne pas s'identifier et de ne pas reculer devant un combat. Connla était également entraîné au combat, et il pensait pouvoir vaincre n'importe quel ennemi qui s'opposerait à lui. Pendant la nuit, Connla arriva à la maison de son père .

Le bruit de l'arrivée de Connla alarma Cu Chulainn. Saisissant sa fidèle lance, il se jeta sur l'envahisseur qui refusait de s'identifier. Croyant qu'il s'agissait d'une menace, Cu Chulainn attaqua Connla. Père et fils s'engagèrent dans une bataille féroce, et Connla faillit vaincre Cu Cuthlainn. Son père, plus rapide, lança la lance sur Connla et le frappa à la poitrine.

Ce n'est qu'une fois que le berserk s'estompa et que la lumière de la bataille s'estompa dans ses yeux que Cu Chulainn réalisa qu'il avait tué son fils.

La jalousie d'Emer

Emer était au courant de tous les rendez-vous de Cu Chulainn avec les dames et, bien qu'elle ne soit pas foncièrement jalouse, elle l'était lorsqu'il tombait amoureux d'une autre. En l'occurrence, il s'agissait de Fand, l'épouse du dieu de la mer Manannan mac Lir. Cu Chulainn l'a sauvée des Fomoriens qui attaquaient le dieu sur le front de mer, et Manannan s'en est occupé, la laissant derrière lui.

Après la victoire, Cu Chulainn et Fand se sont vus et sont immédiatement tombés amoureux. Après l'avoir sauvée, Cu Chulainn voulut l'épouser, ce qu'elle accepta.

Manannan savait que cette relation était vouée à l'échec dès le départ, Cu Chulainn étant mortel et Fand une fée. Il laissa la relation suivre son cours.

D'un autre côté, Emer n'était pas très enthousiaste à l'idée de ce nouveau mariage avec une autre femme. Dans sa rage, elle tenta de tuer l'autre femme, mais Cu Chulainn parvint à l'arrêter avant qu'elle ne tue Fand.

Fand n'était pas bouleversé par cet assassinat potentiel, mais plutôt impressionné par l'amour qu'Emer portait encore à son mari infidèle. C'était un amour sincère, et Fand comprit que les deux devaient être ensemble après tout. Elle retourna alors auprès de son mari Manannan.

Pour s'assurer qu'ils ne se souviennent pas de leur amour, Manannan a agité sa cape magique entre eux afin qu'ils ne se rencontrent plus jamais. Ensuite, ils ont tous deux bu des élixirs pour effacer le souvenir de leur amour.

Conclusion

Si les mythes concernant Cu Chulainn sont nombreux, les principaux mythes concernant sa vie et ses amants sont parmi les plus fascinants. Cu Chulainn était réputé pour son habileté au combat et la sagesse stratégique qu'il mettait en œuvre tout au long de sa carrière de guerrier. Issu d'une lignée au pouvoir intense, il n'est pas étonnant qu'il ait été capable d'accomplir des exploits quasi impossibles. La chute de Cu Chulainn ne fut pas seulement due aux femmes qu'il avait attirées, mais aussi aux fils des nombreux ennemis qu'il avait tués. Ils l'affaiblirent par la magie et l'achevèrent. Dans ses derniers instants, sa vie a été cimentée dans les légendes que nous connaissons aujourd'hui. Bien qu'il soit le demi-dieu le plus célèbre du panthéon celtique, la popularité de Cu Chulainn est concurrencée par une autre légende qui parle d'un enfant prodige qui devint un autre héros que les Celtes louaient.

CHAPITRE 7 : LE SAUMON DE LA CONNAISSANCE

Finn mac Cumhail était l'un des autres héros du panthéon celtique. C'était un mortel, mais les actes qu'il a accomplis tout au long de sa vie lui ont conféré un statut légendaire. Tout comme les autres histoires de ce livre, sa vie a été dramatique et remplie de luxure, de trahison et de batailles pour un héritier. Néanmoins, l'existence de Finn est l'un des mythes les plus célèbres du panthéon. Sa sagesse et ses nombreuses victoires au combat ont donné naissance à de nombreux mythes à son sujet.

Le mythe de la sagesse

Le mythe du saumon de la connaissance a commencé lorsque Finn était un jeune garçon. Il fut envoyé en apprentissage chez Finnegas, un poète reconnu. O'Hara note que les deux ont souvent eu des aventures en récitant de la poésie, un art célébré par les anciens Celtes. La poésie était consacrée à la narration d'histoires du passé, semblables aux contes populaires que nous connaissons aujourd'hui. L'histoire d'un saumon dont on disait qu'il possédait la connaissance du monde est apparue au cours de la conversation, et Finn, intrigué, a voulu en savoir plus. Finnegas raconta l'histoire d'un saumon qui avait mangé une noix du noisetier de la connaissance, et dont les traits s'étaient incrustés dans le saumon. On croyait que quiconque mangeait le saumon possédait la même sagesse.

La rivière Boyne

Par une matinée ensoleillée du printemps, Finn et Finnegas se sont arrêtés à River Boyne pour une séance de poésie. Alors qu'ils s'installaient et discutaient de l'histoire du saumon, ils mirent leurs pieds dans l'eau et se laissèrent porter par le courant calme. Du coin de l'œil, Finnegas croit apercevoir le reflet d'un œil sous l'eau. Il plongea et captura le poisson, les yeux brillants de triomphe.

Finnegas croyait que le saumon qu'il tenait dans sa main était le grand saumon de la connaissance. Finnegas demanda au jeune apprenti de faire cuire le saumon sur le feu, mais il n'avait pas entièrement confiance en son compagnon. Il lui dit qu'il lui était interdit de manger le poisson. Après tout, il avait attendu de nombreuses années avant d'être béni par le saumon. Il désirait ardemment le savoir et la sagesse que le saumon était censé contenir.

Dans la flamme

Pendant que le poisson cuisait, Finnegas partit chercher des provisions supplémentaires chez lui, laissant Finn seul avec le saumon. Finn prit une pierre lisse sur la rive et alluma un petit feu. Après quelques instants, le poisson commença à cuire. La graisse du poisson s'écoula dans les flammes, ce qui provoqua un grognement dans l'estomac de Finn. Cependant, il refusa à tout prix de toucher le poisson.

Après plusieurs minutes de cuisson, il était temps de le retourner pour assurer une cuisson uniforme. Cependant, alors qu'il manipule le poisson, son pouce effleure le poisson. Le jus du poisson ébouillante le jeune Finlandais et la douleur le brûle intensément. Sans réfléchir, il enfonça son pouce dans sa bouche afin d'atténuer la douleur. C'est alors qu'il se rendit compte de son erreur.

Finn, le plus sage des hommes

Dès que Finnegas entra dans le camping, il sut immédiatement que quelque chose n'allait pas. Le garçon serra son pouce dans sa main avec une expression hantée sur le visage. Finnegas exigea de savoir exactement ce qui s'était passé, et Finn lui expliqua la situation. Avec un profond soupir, Finnegas dit au garçon de manger le reste du saumon pour voir s'il était imprégné de sagesse.

Le garçon dévora le poisson à petites gorgées, mais rien ne se produisit. Il n'y eut pas de prise de conscience aiguë, pas de connaissance ou de compréhension soudaine. Finnegas fut soulagé mais aussi attristé de constater que le poisson n'était pas celui de la légende.

Sur un coup de tête et à cause de la pression exercée sur lui par Finnegas, Finn mit à nouveau son pouce dans sa bouche pour voir ce qui se passerait. À cet instant, tout bascula. Une source d'énergie et de compréhension l'envahit ; le pouvoir du saumon avait enfin pris sa forme. La tête tournant à cause de l'afflux d'informations, il s'assit et expliqua les nouvelles connaissances qu'il avait acquises.

À partir de ce moment, Finn fut considéré comme l'homme le plus sage de tout le pays. Il était capable d'utiliser ce savoir à volonté, simplement en se mordant le pouce. Cette sagesse l'a aidé dans les nombreuses batailles qu'il a dû affronter au cours de sa vie, jusqu'à sa mort. Selon les anciens Celtes, Finn était l'incarnation de la sagesse et du courage.

CONCLUSION

Les thèmes centraux du panthéon celtique reflètent la mortalité, l'amour et le désir, ainsi que l'importance de la défense des êtres chers. Les druides, tout comme les guerriers, avaient des responsabilités équivalentes : l'un était chargé de la survie des normes culturelles et de la religion, l'autre de la survie de leur peuple dans son ensemble. Les souvenirs de ces temps passés ont survécu dans les mythes, mais beaucoup d'autres souvenirs et traditions ont été oubliés avec le temps.

Ce qu'il reste de cette mythologie unique et intrigante lui confère encore l'immortalité. Elle continue d'inspirer les créateurs, quel que soit le support, à créer des mondes et des histoires qui resteront à jamais gravés dans la mémoire de ceux qui en feront l'expérience.

Les mythes et légendes véhiculés dans ce livre, ainsi que ceux qui ne sont pas mentionnés ici, nous rappellent que la mort est un cycle naturel de la vie ; personne n'y échappe, pas même les grands dieux du panthéon celtique. Même lorsque nous mourrons, les histoires de nos vies nous garderont immortels.

www.ingramcontent.com/pod-product-compliance
Lightning Source LLC
Chambersburg PA
CBHW070941120626
46546CB00004B/1504